ماتیاس فیڵەر

چەمکی دەڵاڵی خانووبەرە: دەڵاڵی خانووبەرە ئاسانکراوە

دەڵاڵی خانووبەرە: دەڵاڵی خانووبەرە
بەشێوەیەکیی کارامە و ئاسان و پرۆفیشناڵ
لەڕێگەی پۆرتاڵی دەڵاڵی پێشکەوتوو بۆ مامەڵەی
خانووبەرە

ووردەکاری بڵاوکردنەوە - چاپ | ئاگاداری یاسایی

1- بڵاوکراوە وەکوکتێبی چاپکراو | کانونی یەکەم 2017
(ئۆریجینڵەکە بە زمانی ئەڵمانی بڵاوکراوەتەوە، کانونی یەکەم 2016)

ماتیاس فیڵەر
19 .Erika-von-Brockdorff-Str
Korschenbroich 41352
Germany
www.matthiasfiedler.net

چاپکردن و بەرهەمهێنان:
چاپەکە لە دوا لاپەڕە ببینە

نەخشەی بەرگ: ماتیاس فیڵەر
دروستکردنیکتێبی ئەلیکترۆنی: ماتیاس فیڵەر

هەموو مافێکی پارێزراوە.

978-3-947184-94-1 :(ISBN-13 (Paperback
ISBN-13 (کتێبی ئەلیکترۆنی مۆبایل): 978-3-947184-36-1
ISBN-13 (کتێبی ئەلیکترۆنی ئی پەب): 978-3-947184-37-8

ئەم کارە، بە هەموو بەشەکانیەوە، پارێزراوە لە ڕێگەی ماف پاراستنەوە. هەر بەکارهێنان و بڵاوکردنەوەیك (بە بەشەکانی ئەم کارەوە) ڕێگەپێدراو و یاسایی نیە بەبێ وەرگرتنی ڕەزامەندی بەشێوەی نوسراو لەلایەن نووسەرەوە. ئەمەش بەتایبەت ئەو لایەنانە دەگرێتەوە کە بریتین لە بڵاوکردنەوەی ئەلیکترۆنی دووبارە چاپکردنەوە، وەرگێڕان، هەڵگرتن، پرۆسێسکردن، بڵاوکردنەوە بڵاوکردنەوەی گشتی جا بەهەر شێوەیەکبێت(بۆ نموونەوێنە، مایکرۆفیلم یان هەرڕێگەیەکیتر).

زانیاری بیبلیۆگرافی لەسەر پەرتوکخانەی نیشتیمانی ئەڵمانی.
پەرتوکخانەی نیشتیمانی ئەڵمانی هەڵدەستێت بە تۆمارکردنی ئەم بڵاوکراوەیە لە لە بیبلیۆگرافی پەرتوکخانەی نیشتیمانی: ووردەکاری داتای بیبلیۆگرافیك بەردەستە لە ئینتەرنێت لەڕێگەی ماڵپەڕی http://dnb.d-nb.de.

پوختە

ئەمکتێبە هەڵدەستێت بە ڕوونکردنەوەی چەمکێکی نوێگەر بۆ پۆرتاڵی دۆزەرەوەی خانووبەرە (app) لەگەڵ هەژمارکردنی چالاکی فرۆشتنی گەورە (ملیار دۆلار) ڕووندەکاتەوە، کە بە پرۆگرامی مامڵەی خانوبەرەوە بەستراوەتەوە لەوانەش پرۆگرامی هەڵسەنگاندنی خانووبەرە (بەهاکەی بە تریلیۆن دۆلار کرین و فرۆشتن دەخەملێنرێت).

ئەمەش بەو مانایە دێت کە خانووبەرەی دانیشتووان و بازرگانی، جا چ مڵکی تایبەت یان بەکرێدرابێت، دەتوانرێت بە باشی و بە کاتێکی کەم کرین و فرۆشتنی پێوە بکرێت. ئەوە نوێگەرایی و پرۆفیشناڵی دەڵاڵی خانووبەرەیە بۆ داهاتووی هەموو دەڵاڵەکانی کرین و فرۆشتنی خانووبەرە و خاوەن مڵکەکان. پۆرتاڵی مامڵەی خانووبەرە تا ڕادەیەک لە هەموو وڵاتێک کاردەکات و تەنانەت لە دەرەوەی وولاتەکانیش کاردەکات.

لەجیاتی "دۆزینەوەی" مڵك بۆ کڕیار و کرێچی، لە ڕێگای پۆرتاڵی کرین و فرۆشتنی خانووبەرە، کڕیار و کرێچی ئارەزوومەند دەتوانن سودمەندبن بن(گەڕانی پڕۆفایل) و دواتر

لە ڕێگای پرۆفایلەکەیان دەناسرێنەوە و دەبەسترێنەوە بەو موڵکانەی کە لەلایەن دەڵاڵی خانووبەرەوە پێشنیارکراوە.

ناوەرۆک

6

پێشەکی

لە ساڵی 2011 ئەو بیرۆکەیەم بۆ هات و پەرەمپێدا کەلێرە باسکراوە بەمەبەستی پێشخستنی پرۆسەی کرین و فرۆشتنی خانووبەرە.

من لەساڵی 1998-ەوە لەبواری خانووبەرە کاردەکەم (دەڵاڵی خانووبەرە، کڕین و فرۆشتن، هەڵسەنگاندن، بەکرێدان، بەرەوپێشبردنی موڵک). من دەڵاڵم (IHK)، ئابوریزانی خانووبەرەم (ADI) پسپۆر و خاوەن بڕوانامەیهەڵسەنگاندنی خانووبەرەم (DEKRA) هەروەها ئەندامی یەکێك لەرێکخراوە جیهانیەکانی خانووبەرەمـ بەناوی دامەزراوەی شاهانە بۆ زەویپێوی یاسایی(MRICS).

ماتییاس فیلەر

Korschenbroich, 10/31/2016

www.matthiasfiedler.net

1. چەمکی ێشکەوتوو بۆ مامڵەیخانووبەرە: دەڵاڵی خانووبەرەی ئاسان

مامڵەی خانووبەرە: دەڵاڵی خانووبەرە بەشێوەیەکی کارامە و ئاسان و پرۆفیشناڵی لەڕێگەیپۆرتاڵێکی ێشکەوتوو بۆ مامڵەی یخانووبەرە

لەبری دۆزینەوەی موڵك بۆ کڕیار و کرێچی، لە ڕێگای پۆرتاڵی کرین و فرۆشتنی خانووبەرەوە، کڕیار و کرێچی ئارەزوومەند دەتوانن سودمەند بن (گەڕانی پرۆفایل) و دواتر لە ڕێگەی پرۆفایلەکەیانەوە دەناسرێنەوە و بەو موڵکانەوە دەبەسترێنەوە کە لەلایەن دەلاڵی خانوبەرەوەپێشنیارکراوە.

2. ئامانجی کڕیار یان کرێچی ئارەزوومەند و فرۆشیاری موڵک

لە ڕوانگەی فرۆشیاری خانووبەرە و خاوەن موڵکەوە، ئەوە گرنگە بریتییە لە فرۆشتن یان بەکرێدانی موڵکەکەیان بە ماوەیەکی خێراو نرخێکی بەرز.

لە ڕوانگەی کڕیار و بەکرێگری ئارەزوومەندەوە، ئەوەی زۆر گرنگە بریتییە لە دۆزینەوەی شوێنی گونجاو بەگوێرەی ئەو پێداویستیانەی کە هەیانە لەگەڵ کڕین یان بەکرێگرتنیان بە زووترین کات و ئاسانترین شێوە.

3ڕێگاکانیپێشوو بۆ گەڕان بەدووای خانووبەرەدا

بە گشتی، کڕیار و کرێچیە ئارەزوومەندەکان بە چەندینشێوە لە ڕێگای بەکارهێنانی ئۆنلاینەوە لە پۆرتاڵەکانی کرین و فرۆشتنی خانوبەرە هەڵدەستن بە گەران بەدووای ئەو کڕین و فرۆشتن بۆ گەڕان بەدوای موڵکدا لەو ڕێگایەی کە مەبەستیانە. لەوێدا دەتوانن ئەو موڵکانە یان کۆمەڵێک لیست بەدەستبخەن لە ڕێگای ئەو لینکانەی کە بۆ ئیمەیڵەکەیان دێت هەرکاتێک پرۆفایلی گەرانیان بۆ ئەکاونتەکەیان دانا. ئەمەش بەبەردەوامی لەسەر 2 بۆ 3 پۆرتاڵی کڕین و فرۆشتن ئەنجامدەدرێت. دواتر، فرۆشیار بە ئیمەیڵ پەیوەندیپێوە دەکرێت. لە ئەنجامدا، فرۆشیار یان خاوەن موڵك دەرفەتی ئەوەی بۆ دەرەخسێت وڕێگەیپێدەدرێت تاوەکو چاوی بە خوازیار بکەوێت.

سەرەڕای ئەوەش، کڕیار یان کرێچی ئارەزوومەند پەیوەندی دەکات بە دەلاڵی خانووبەرەوە لە شوێنەکەی خۆی و پڕۆفایلێکی گەرانی بۆدروستدەکرێت.

بێشکەشکاری پۆرتاڵی خانووبەرە لە هەریەکە لە کەرتەکانی تایبەت و بازرگانین. پێشکەشکارانی کەرتی خانووبەرەی بازرگانی زیاتردەلاڵی خانووبەرەن و لەهەمانکاتدا کۆمپانیای بیناکاری و دەلاڵی خانووبەرە و کۆمپانیاکانی تری

خانووبەرەن (لەم دەقەدا، پێشکەشکاری بازرگانی بە واتای دەڵاڵەکانی خانوبەرە بەکارهاتووە).

4. لایەنی نەرێنی پێشکەشکاری تایبەت / لایەنی باشی دەڵاڵی خانووبەرە

سەبارەت بەو موڵکانەی کە بۆ فرۆشتنن، فرۆشیار تایبەت هەمیشە ناتوانێت گەرەنتی فرۆشتنی ڕاستەوخۆی مولکەکە بکات. لە حاڵەتی موڵکی میراتدا، بۆ نموونە، لەوانەیە هاوڕایی نەبێت لەنێوان میراتگرەکاندا یان لەوانەیە بەڵگەنامەی میراتگری ئامادە نەبێت. هەروەها، ئەو کێشانەی کە لایەنی یاساییان ڕوون نییە وەکو کێشەی مافی نیشتەجێبوون، دەتوانێ پرسەی فرۆشتنەکە ئاڵۆز بکات.

سەبارەت بە موڵکی کرێ، لەوانەیە وا دەربکەوێت کە خاوەنی تایبەت ڕێگەپێدانی فەرمی بەدەست نەگەیشتووە، بۆ نموونە بۆ ئەو کەسانەی کە دیانەوێت موڵکەکانیان بەکرێبدەن بۆ شوێنێکی بازرگانی وەکو شوێنی نیشتەجێبوون.

کاتێک کە دەڵاڵی خانووبەرە وەکو پێشکەشکار هەڵسوکەوت دەکات، پێشتر بە شێوەیەکی گشتی ئەو شتانەی پێشووتری ڕوونکردۆتەوە. سەرەڕای ئەوەش، بە گشتی هەموو بەڵگەکانی خانووبەرە (پلانی ئەرزی، پلانی شوێن، بڕوانامەی ووزە، تۆماری نازناو، بەڵگەنامەی فەرمی، هتد) بەردەستن. لە ئەنجامدا، مامەڵەی فرۆشتن یان بەکرێدان دەتوانرێت بەخێرایی و بەبێ ئاڵۆزی تەواوبکرێن.

5. دەڵاڵی خانووبەرە

بۆ بەیەکگەیاندنی کڕیار یان کرێچی لەگەڵ فرۆشیار یان خاوەن موڵك بەشێوەیەکی زۆر خێرا و کاریگەر، بەگشتی گرنگە ڕێگایەکی سیستەماتیك و پرۆفیشناڵ بگیردرێتەبەر.

ئەمە لێرەدا بە ڕێگایەك ئەنجامدەدرێت(یان پرۆسەیەك) کە بەپێچەوانەوە سەرنج دەخاتە سەر کرداری گەڕان و دۆزینەوەلەلایەن دەڵاڵی خانووبەرە و لایەنی ئارەزوومەند. ئەوە مانای ئەوەیە لەجیاتی "دۆزینەوەی" موڵك بۆ کڕیار و کرێچی، لە ڕێگای پۆرتاڵی مامڵەی خانووبەرە (APP)، کڕیار و کرێچی ئارەزوومەند سودمەند دەبن (گەڕانی پرۆفایل) و دواتر لە ڕێگای پرۆفایلەکەیانەوە دەدۆزرێنەوە و بەو موڵکانە دەبەستڕێنەوە کە لەلایەن دەڵاڵی خانووبەرەوەپێشنیارکراون.

لە هەنگاوی یەکەمدا، کڕیار یان بەکرێگری ئارەزوومەند هەڵدەستێت بە دانانی پرۆفایلێکی دیاریکراولە پۆرتاڵی مامڵەی خانووبەرە. پرۆفایلی گەڕانە لەنزیکەی 20 تایبەتمەندی پێکدێت. دەکرێت ئەم تایبەتمەندیانەی لای خوارەوە بەکاربهێندرێت (تەواوی لیستەکە نییە) و بۆ درووستکردنی پرۆفایلی گەڕانپێویستن.

- ناوچە/ کۆدی پۆستە/ شار
- جۆر
- قەبارە لە موڵك
- شوێنی نیشتەجێبوون
- نرخی کڕین/ کرێ
- ساڵی دروستکردن
- نهۆم
- ژمارەی ژوور
- بەکرێدراوە (بەڵێ/ نەخێر)
- ژێر زەمین (بەڵێ/ نەخێر)
- بالکۆنە/ هەیوان (بەڵێ/ نەخێر)
- شێوازی گەرمکردنەوە
- شوێنی وەستانی ئۆتۆمبێل (بەڵێ/ نەخێر)

ئەوەی لێرەدا گرنگە ئەوەیە ئەو زانیاریانە بەشێوەی دەستی داخڵ ناکرێن بەڵکو بە شێوەی کلیک کردن و هەڵبژاردن یان کردنەوەی شوێنی پەیوەندیدار (بۆ نموونە، جۆری موڵك) لە لیستێکی ئامادەکراوی ئەگەرەکان/بژاردەکان (بۆ جۆری موڵك: باڵەخانە، خانووی تاکیخێزان، کۆگا، ئۆفیس، هتد.) ئەنجام دەدرێت.

ئەگەر خوازرا، لایەنی خوازیار دەتوانێت زانیاریتر بۆ پرۆفایلی گەڕان زیاد بکات. دەتوانرێت گۆڕانکاری لە پرۆفایلی گەڕان ئەنجامبدرێت.

هەروەها، کڕیار یان کرێچی ئارەزوومەند هەڵدەستێت بە داخڵکردنی زانیاری پەیوەندیکردن لە شوێنی دیاریکراودا. ئەو زانیاریانەش بریتین لە ناوی خێزانی، ناوی کەسی، شەقام، ژمارەی خانوو، کۆدی پۆستە، شار، تەلەفۆن، و ئیمەیڵ.
لەم چوارچێوەیەدا، لایەنە ئارەزوومەندەکان ڕەزامەندی نیشاندەدەن تاوەکو لەڕێگەی دەڵاڵی خانوبەرەوە پەیوەندیان پێوەبکرێت مۆڵەکی گونجاویان بۆبنێرن.

هەروەها لایەنە ئارەزوومەندەکان هەڵدەستن بە واژووکردنی گرێبەست لەگەڵ بەڕێوەبەرایەتی کۆپیکردنی پۆرتاڵی ماماڵەی خانووبەرە.

لە هەنگاوی داهاتوودا، پرۆفایلی گەڕان بۆ دەڵاڵی خانوبەرەی پەیوەندارەوە، بەردەستە ، لەڕێگەی ئەپڵیکەیشنێکی پرۆگرامی بەستەر (api) نابینرێت - بۆ نموونە هاوشێوەی پرۆگرامی بەستەری ئەڵمانی "openimmo "یە. لێرەداپێویستە ڕەچاوی ئەوە بکرێت کە ئەم پرۆگرامە بەستەرە - بەشێویەکی سەرەکی

وەکو کلیلی جێبەجێکردنە -پێویستە تارادەیەک پشتگیری یان گەرەنتی گواستنەوەی سەرلەبەری پرۆگرامیدەڵاڵی خانووبەرە بکات کە لەئێستادا بەکاردەهێنرێت. ئەگەر وانەبێت، ئەوا دەبێت لە ڕێگەی تەکنەلۆژیاوە بەو شێوەیەی لێبکرێت. چونکە لە کاتی ئێستادا پرۆگرامی بەستەر بەکاردەهێنرێن، هەروەکو ئەوەی ئاماژەی پێدرا "openimmo "، هەروەها ئەوانی تریش، پێویستە بەردەستبخرێت بەمەبەستی گواستنەوەی پرۆفایل.

لەئێستادا دەڵاڵەکانی خانووبەرە بەراوردی پرۆفایلەکە دەکەن لەگەڵ موڵکەکانیان لە بازاڕدا. بۆ ئەم مەبەستەش، موڵکەکان ئەپڵۆدکراونەتە ناو پۆرتاڵی مامڵەی خانووبەرە و بەراوردکراون و بەستراونەتەوە بە تایبەتمەندی پەیوەندیدارەوە.

دوای تەواوبوونی بەراوردکردن، ڕاپۆرتێک دەردەکەوێت کە بەڕێژەی سەدی مامڵەکان نیشاندەدات. دەستکردن بە دۆزینەوەی 50%مامڵەکە پرۆفایلی گەڕان لەپرۆگرامی دەڵاڵی خانووبەرە دەردەکەوێت.

تایبەتمەندییە تاکەکان لەگەڵ یەکتریدا بەراورد دەکرێن (سیستەمی خاڵ) تاوەکو دوای بەراوردکردنیان، ڕێژەیەکی سەدی دۆزینەوە (ئەگەری دۆزینەوە) دەستنیشان بکرێت. بۆ نموونە، تایبەتمەندی "جۆری موڵک" بەهاکەی بەرزترە لە تایبەتمەندی "شوێنی نیشتەجێبوون". سەرەڕای ئەوەش،

هەندێک تایبەتمەندی (بۆ نموونە ژێر زەمین) دەتوانرێت هەڵبژێردرێت کە پێویستە لە موڵکەکەدا هەبێت.

لەکاتی بەراوردکردنی تایبەتمەندیەکان بۆ دۆزینەوەی خانووبەرە، دەبێت دڵنیابینەوە لەوەی کە دەلالی خانووبەرە تەنها دەستیان بە ناوچەی خوازراوی (حیجزکراوی) خۆیان دەگات. ئەمە کارەکانی بەراوردکردنی داتا کەم دەکاتەوە. ئەمە بەتایبەتی بۆ دەلالەکانی خانووبەرە گرنگە کە بەشێوەی بەردەوام لە ناوچەیەکی دیاریکراودا کاردەکەن. دەبێت ڕەچاوی ئەوە بکرێت کە لەڕێگای کلاودەوە، ئەگەری هەڵگرتن و پرۆسێسکردنی بڕێکی زۆر لە داتا هەیە.

بۆ بەگەڕەنتیکردنی مامەڵەیەکی پرۆفیشنالانەی دەلالی خانووبەرە، تەنها دەلالی خانووبەرە دەستی دەگات بە پرۆفایلەکانی گەڕان.

بۆ ئەم مەبەستە، دەلالی خانووبەرە هەڵدەستێت بە واژووکردنی گرێبەست لەگەڵ بەڕێوەبەرایەتی کۆپیکردنی پۆرتاڵی مامەڵەی خانووبەرە.

دوای ئەنجامدانی بەراوردکردن/ دۆزینەوە، دەڵاڵی خانووبەرە دەتوانێت پەیوەندی بەلایەنی ئارەزوومەندەوە بکات، هەروەها لایەنی ئارەزوومەندیش دەتوانێت پەیوەندی بە دەڵاڵی خانووبەرەوە بکات. ئەگەر دەڵاڵی خانووبەرە هەستا بە ناردنی ڕاپۆرت بۆ کڕیار یان کرێچی ئارەزوومەند، ئەمە مانای ئەوەیە کە ڕاپۆرتی چالاکی یان داواکاری دەلاڵ بۆ حەقی دەڵاڵی خانووبەرە بەردەست هبێت لە ئەگەری تەواوبوونی پرۆسەی فرۆشتن یان بەکرێدان.

ئەمەش بەو مەرجەی کە دەڵاڵی خانووبەرە لەلایەن خاوەن موڵکەوە (فرۆشیار یان خاوەن موڵک) دەستنیشانکرابوو بۆ دانانی موڵك یان مۆڵەتی پێشکەشکردنی موڵکەکەی وەرگرتبوو.

6. مەودای بەکارهێنان

مامەڵەی خانووبەرە کە لێرەدا باسکراوە بۆ فرۆشتن و بەکرێدانی موڵک دەشێت لە کەرتەکانی نیشتەجێبوون و بازرگانیدا. بۆ خانووبەرەی بازرگانی، تایبەتمەندی زیاتر داواکراوە.

هەروەها دەکرێت دەڵاڵی خانووبەرە لەلایەن کڕیار یان کرێچییەوە دیاریبکرێت، هەروەکو ئەوەی کە لە راستیشدا پەیرەو دەکرێت، بۆ نموونە ئەگەر دەڵاڵانەکەی لەلایەن مشتەرییەوە، دابینبکرێت.

سەبارەت بە ناوچەی جوگرافی، پۆرتاڵی مامەڵەی خانووبەرە بەگشتی لە هەموو وولاتێك بەردەستە.

7. لایەنی باش

ئەم پرۆسەیەی مامەڵەی خانووبەرە لایەنی باشی زۆرە بۆ کڕیار و فرۆشیاری ئارەزوومەند، جا ئایا ئەوان لەو شوێنی لۆکاڵی خۆیان دەگۆڕێن (شوێنی نیشتەجێبوون) یان دەگوازنەوە بۆ شوێنێکیتر یان ناوچەیەکیتر بەمەبەستی کارکردن.

تەنها پێویستە یەك جار پڕۆفایلی گەڕانیان داخڵبکەن بۆ بەدەستهێنانی زانیاری لەبارەی موڵکی گونجاو لەلایەن دەڵاڵی خانووبەرەوە کە لە ناوچەیەکی دیاریکراو کاردەکات.

بۆ دەڵاڵی خانووبەرە، ئەمە لایەنی باش دابیندەکات لەبارەی خێرایی و گونجاوی بۆ فرۆشتن یان بەکرێدان.

ئەوان هەڵسەنگاندنێکی گشتیان بەدەست دەگات لەبارەی ئاستی ڕەزامەندی لایەنەکان لەبارەی هەر موڵکێك کە پێشکەشی دەکەن.

سەرەڕای ئەوش، دەڵاڵەکانی خانووبەرە دەتوانن ڕاستەوخۆ بگەن بە گروپی مەبەست، کە هەندێك بیرۆکەی تایبەتیان داوە سەبارەت بە موڵکی خەونەکانیان لەکاتی دانانی پڕۆفایلی گەڕان.

دەتوانرێت لەم بارەیەوە پەیوەندی دروست بکرێت، بۆ نموونە، بە ناردنی ڕاپۆرتی خانووبەرە.

ئەمە کوالیتی پەیوەندیکردن لەگەڵ لایەنی ئارەزوومەند زیاد دەکات کە دەزانن بەدوای چیدا دەگەڕێن. هەروەها ئەمە

ژمارەی تەماشاکردنی بەردەوامی موڵکەکە کەمدەکاتەوە، لەبەرامبەردا کاتی بەبازاڕکردنی دەڵاڵ کەم دەکاتەوە بۆ تاوەکو موڵکەکان مامەڵەیان پێوەبکرێت.

دوای ئەوەی کە کڕیار یان کرێچی تەماشای موڵکەکەی کرد، گرێبەستی کڕین یان بەکرێگرتن ئامادەدەکرێت، بەهەمان ئەو شێوەیەی کە لە بازاڕی خانووبەرەدا ئەنجامدەدرێت.

8. نموونەی هەژمارکردن (ئارەزوومەند) - تەنها ئەو شوێن و خانووانەی کە خاوەنەکەی تێدا نیشتەجێیە (بەبێ شوقەی کرێ یان خانوو یان موڵکی بازرگانی)

ئەم نموونەیەی لایخوارەوە بشێوەیەکی ڕوون هەڵدەستێت بە نیشاندانی پۆرتاڵی گونجاو بۆ دۆزینەوەی خانووبەرە.

لە ناوچەیەکی جوگرافی دیاریکراودا کە دانیشتوانەکەی 250,000 کەسە، بۆ نمونە شارێکی وەکو مونشنگلادباخ (ئەڵمانیا)، نزیکەی دانیشتوانەکەی نزیکەی 125,000 کەسە (2 کەس بۆ هەر وشێنێکی نیشتەجێبوون). تێکڕای گواستنەوە بۆ شوێنی تر نزیکەی 10%یە. ئەوەش بەمانای ئەوە دێت کە 12,500 کەس ساڵانە دەگوازنەوە. ڕێژەی گواستنەوە بۆ مونشنگلادباخ یان لە مونشنگلادباخەوە بۆ شوێنی تر ڕەچاو نەکراوە. نزیکەی 10,000 کەس لە دانیشتوانەکەی (80%) بە دوای موڵکی کرێدا دەگەڕێن و نزیکەی 2,500 دانیشتوو (20%) بەدوای موڵکی فرۆشتندا دەگەڕێن.

بەگوێرەی ڕاپۆرتی بازاری موڵك لەلێژنەی ڕاوێژکاری شاری مونشنگلادباخ ، 2,613 حاڵەتی کڕین هەبووە لە 2012. ئەمەش بریتیە لە دووپاتکردنەوەی ژمارەی ئاماژەپێکراوی پێشووتر کە بریتیبوو لە 2,500 کڕیار. لەوانەیە زیاتریش بێت،

بەڵام هەموو کڕیاێك نەیتوانیوە ئەو موڵکە ببینێتەوە کە مەبەستی بووە. ژمارەی ڕاستی کڕیاری ئارەزوومەند - یان، بەتایبەتی، ژمارەی پرۆفایلی گەڕان - مەزەندە دەکرێت دوو هەندەی گواستنەوە بێت لە وشێنێکەوە بۆ وشێنێکی تر کە بە دیاریکراوی دەکاتە نزیکەی 10%، واتە2,500 پرۆفایلی گەڕان. ئەمە ئەو ئەگەرەش دەگرێتەوە کە لەوانەیە کڕیاری ئارەزوومەند زیاتر لە یەك پرۆفایلی لە پۆرتاڵی دۆزەرەوەی خانووبەرە، درووستکردبێت.

هەروەها شایەنی ئاماژەپێدانە پاڵپشت بە شارەزایی، تاوەکو ئێستا نزیکەی نیوەی کڕیار و کرێچییەکان لەرێگەی کارکردن لەگەڵ دەلالی خانووبەرەدا، خانوویان دۆزیوەتەوە کە دەکاتە نزیکەی 6,250 کەس.
ئەزموونی ڕابردوو ئەوە نیشاندەدات کە بەلایەنی کەمەوە 70% هەموو دانیشتوان لەرێگەی ئینتەرنێت و پۆرتاڵی خانووبەرەوە هەستاون بە گەڕان بۆ خانووبەرە ، کە دەکاتە کۆی گشتی 8,750 دانیشتووان (دەکاتە رێژەی 17,500 پرۆفایلی گەڕان).

ئەگەر 30% هەموو کڕیار و فرۆشیارە ئارەزوومەندەکان، کە دەکاتە 3,750 کەس (یان 7,500 پرۆفایلی گەڕان) هەستابن بە دروستکردنی پرۆفایلی گەڕان لە پۆرتاڵێکی دۆزەرەوەی

خانووبەرە (app) بۆ شارێکی وەکو مونشنگلادباخ، دەڵاڵەکانی خانووبەرە کە پەیوەستن بە پۆرتاڵەکانی خانووبەرەوە دەیانتوانی موڵکی گونجاو بخەنە بەردەستی کڕیاری ئارەزوومەند لەڕێگای 1,500 پڕۆفایلی گەڕانی تایبەت (20%) و کرێچیئارەزوومەند لە ڕێگەی 6,000 پڕۆفایلی گەڕانی تایبەت (80%).

ئەمە بەمانای ئەوەدێت کە گەڕانیتێکرایی ماوەی 10 مانگ و نرخێکی نمونەیی 50 یۆرۆ بۆ هەر مانگێك بۆ هەر پڕۆفایلێکی گەڕان لەلایەن کڕیار و کرێچی ئارەزوومەندەوە دانراوە، ئاستی فرۆشتن بریتیە لە 3,750,000 یۆرۆ بۆ هەر ساڵێك لەگەڵ 7,500 پڕۆفایلی گەڕان بۆ شارێك کە دانیشتوانەکەی 250,000 کەسە.

هەژمارکردنی ئەمە بۆ هەموو ئەڵمانیا کەڕێژەی دانیشتوانی بریتیە لە نزیکەی 80,000,000 (80 ملیۆن) کەس، ئەنجامەکەی دەگاتە فرۆشتن بە بڕی 1,200,000,000 یۆرۆ (1.2 ملیار یۆرۆ) ساڵانە. ئەگەر 40% هەموو کڕیار و کرێچییە ئارەزوومەندەکان لە ڕێگەی پۆرتاڵی گەڕانی خانووبەرەوە بەدوای موڵکدا بگەڕانایە، لەجیاتی 30%، ئەوا ڕێژەی فرۆشتن بەرزدەبووەوە بۆ 1,600,000,000 یۆرۆ (1.6 ملیار یۆرۆ) لە ساڵێکدا.

ڕێژەی فرۆشتن تەنها بریتیە لەو شوقە و خانوانەی کە ماڵی خاوەنەکانیانیتێدایە. موڵکی بەکرێدان و وەبەرهێنان لە کەرتی

نیشتەجێبوون و هەموو کەرتەکانی خانووبەرەی بازرگانی لەم ڕووەوە هەژمارنەکراون .

نزیکەی 50,000 کۆمپانیا لە ئەڵمانیا لە بازرگانی دەڵاڵی خانووبەرە کاردەکەن (کە دەڵاڵی خانووبەرە، کۆمپانیای بیناکاری، بازرگانی خانووبەرە، وە کۆمپانیای تری خانووبەرە دەگرێتەوە)، نزیکەی 200,000 فەرمانبەر و هاوبەشی 20% ئەو 50,000 کۆمپانیایانە پۆرتاڵی ماماڵەی خانووبەرە بەکاردەهێنن بەتێکڕای 2 مۆڵەت، ئەنجامەکە (دانانی نموونەی نرخی 300 یۆرۆ مانگانە بۆ هەر مۆڵەتێک) بریتیە لە فرۆشتن بەڕێژەی 72,000,000 یۆرۆ (72 ملیۆن یۆرۆ) ساڵانە. سەرەڕای ئەوەش، ئەگەر پرۆفایلی گەڕانی ناوچەیەك سەیرکەین کە بەگوێرەی ئەو نەخشەیەی کە دانراوە، بەکارهێنرابوو، دەتوانێت فرۆشتنی زیاتر بەدەست بهێنێت.

لەگەڵ ئەم ڕێژە گەورەیەی کڕیار و کرێچی کە خاوەنی پرۆفایلی تایبەتی گەڕانن، چیتر پێویست ناکات دەلالەکانیخانووبەرە داتابەیسەکانیان نوێبکەنەوە – ئەگەر- هی لایەنێکی خوازراویان هەیانبێت. هەروەها، ژمارەی پرۆفایلی گەڕان کە لەئێستا هەیە ئەگەری زۆرەژمارەی پرۆفایلی گەڕانی

دروستکراو تێپەڕێنێ کەلەلایەن زۆرێک لە دەڵاڵەکانی خانووبەرەلە داتابەیسی خۆیاندا، درووستکراون.

ئەگەر پۆرتاڵی پێشکەوتوو بۆ مامەڵەیخانووبەرە لە زۆرێك لە وولاتاندا بەکارهێندرایە، کڕیاری ئارەزوومەند لە ئەڵمانیا، بۆ نموونە، هەڵدەستان بە دروستکردنی پرۆفایلێکی گەڕان بۆ شوقەی پشوودان لە دورگەی مایۆرکا (ئیسپانیا) لە دەریای ناوەڕاست و دەلاڵەکانی خانووبەرە لە مایۆرکا دەیانتوانی لە رێگەی ئیمەڵیەوە ئەو شوقانە بۆ مشتەریە ئەڵمانیەکانیانبنێرن کە لەگەڵ خواستیان دەگونجا. ئەگەر ڕاپۆرتەکانیش بە ئیسپانی بوونایە، کڕیچی ئارەزوومەند لە ڕۆژگاری ئەمڕۆدا دەیتوانی زۆر بە ئاسانی دەقەکان لە رێگەی ئینتەرنێتەوە وەربگێرێتە سەر زمانی ئەڵمانی.

بۆ ئەوەی بتوانرێت پرفایلی گەڕانی دۆزەرەوە بەکاربهێنرێت لە مۆڵکی بەردەستدا بەبێ گرفتی زمان، دەتوانرێت بەراوردێك لەنێوان تایبەتمەندیەکانی ئەو پۆرتاڵی دۆزەرەوەی خانووبەرە بکرێت بەپشتبەستن بە تایبەتمەندی پرۆگرامکراو (ماتماتیکی)، بەبێ گوێدانە زمان، هەروەها لە کۆتاییدا زمانی پەیوەندیدار دیاریدەکرێت.

لەکاتی بەکارهێنانی پۆرتڵی مامڵەی خانووبەرە لەهەموو کیشوەرەکاندا، چالاکی فرۆشتنی ئامادەپێکراوی پێشوو (تەنها بۆ ئەو کەسانەی ئارەزووی گەڕان دەکەن) بەخەمڵێنراوی بەم شێوەیەی خوارەوە دەبێت:

دانیشتوانی جیهانی:

7,500,000,000 (7.5 ملیار) دانیشتوو

1. دانیشتوان لە وڵاتە پیشەسازی و وڵاتە پیشەسازیە گەورەکاندا:

2,000,000,000 (2.0 ملیار) دانیشتوو

2. دانیشتوان لەو وڵاتە تازە پێگەیشتووەکاندا:

4,000,000,000 (4.0 ملیار) دانیشتوو

3. دانیشتوان لەو وڵاتانی جیهانی سێهەم:

1,500,000,000 (1.5 ملیار) دانیشتوو

چالاکی فرۆشتنی ساڵانەی ئەڵمانیا دەستنیشانکراوە و بە 1.2 ملیار یۆرۆ دەخەمڵێنرێت لەکاتێکدا دانیشتوانەکەی 80 ملیۆن کەس دەبێت لەگەڵ ئەم فاکتەرە مەزەندەکراوانەی خوارەوە بۆ وڵاتانی پیشەسازی، تازەپێگەیشتوو و وڵاتانی جیهانی سێهەم.

1. وڵاتانی پیشەسازی: 1.0

2. وڵاتانی تازەپێگەیشتوو: 0.4

3. ووڵاتانی جیهانیسێهەم: 0.1

ئەنجامەکە ئەم چالاکیەی خوارەوەیە ساڵانە (1.2 ملیار یۆرۆ * دانیشتووان (ووڵاتانی پیشەسازی، تازە پێگەیشتوو و جیهانی سێهەم) / 80 ملیۆن کەس * فاکتەر).

1. وڵاتانی

پیشەسازی: 30.00 ملیار یۆڕۆ

2. تازە پێگەیشتوو

وڵاتەکان: 24.00 ملیار یۆڕۆ

3. جیهانی سێهەم

وڵاتان: 2.25 ملیار یۆرۆ

کۆی گشتی: یۆڕۆ 56.25 ملیار

9. دەرئەنجام

پۆڕتاڵی مامڵەی خانووبەرەی دروستکراو سوودی زۆر بەو کەسانە دەبەخشێت کە بەدوای خانووبەرەدا (لایەنی پەیوەندیدار) و دەڵاڵی خانووبەرەدا دەگەڕێن.

1. کاتی پێویست بەمەبەستی گەڕان بەدووای موڵکدا بەشێوەیەکی بەرچاو کەمدەکاتەوە بۆ لایەنی خوازیار چونکە تەنها پێویستیان بەوەیە کە لەکاتێکی دیاریکراودا پرۆفایلی گەڕانی خۆیان دروست بکەن.
2. دەڵاڵی خانووبەرە دەتوانێت ژمارەیەك لە کڕیار و کرێچی ببینێت، بەو زانیاریانەشەوە کە تایبەت و پێویستن (پرۆفایلی گەڕان).
3. لایەنی ئارەزوومەند تەنها موڵکی خوازراو یان بەگوێرەی داواکاری خۆی (بەگوێرەی پرۆفایلی گەڕان) لەلایەن دەڵاڵەکانی خانووبەرەوە پێدەگات (هەروەکو هەڵبژاردنێکی پێشەکیئۆتۆماتیکی).
4. دەڵاڵی خانووبەرەکان تواناکانیان کەمدەکەنەوە بۆ بەردەوامیدان بەو داتابەیسەی کە هەیانە بۆ پرۆفایلی گەڕان لەبەر ئەوەی ژمارەیەك لە پرۆفایلی گەڕان بەشێوەیەکی بەردەوام بەردەستن.

5. لەبەرئەوەی تەنها دابینکەرانی بازرگانی/ دەڵاڵی خانووبەرە بەستراونەتەوە بە پۆرتاڵی مامەڵەی خانووبەرەوە، کڕیاری ئارەزوومەند یان کرێچییەکان دەتوانن لەگەڵ دەڵاڵی خانووبەرەی بە ئەزموون کاربکەن.
6. دەڵاڵی خانووبەرە ژمارەی چاوپێکەوتنەکانیان کەمدەکەنەوە، هەروەها دەتوانن ماوەی بەبازاڕکردنیش کەمبکەنەوە. لەبەرامبەردا، ژمارەی چاوپێکەوتنەکان بۆ کڕیار یان کرێچی ئارەزوومەند وکاتی کۆتاییهێنان و گرێبەستی کڕین و بەکرێدان کەمدەبێتەوە.
7. هەروەها خاوەن موڵکی بەکرێدرا و یان فرۆشراو کاتی بۆ دەگەڕێتەوە هەروەها سوودی مادی زیاتریشی هەیە، خانووەکە کەمتر بە بەتاڵی دەمێنێتەوە بۆ ئەو موڵکانەی بەکرێدەدرێن هەروەها زووتر پارەی ئەو موڵکانە دەدرێت کە دەفرۆشرێن لەئەنجامی خێراتر فرۆشتن یان بەکرێدانی موڵکەکان.

لە ڕێگەی جێبەجێکردنی ئەم چەمکەی مامڵەیخانووبەرە، بەرەوپێشچوونی بەرچاو لەلایەن دەڵاڵی خانووبەرەوە بەدەست دەخرێت.

10.بەستنەوەی پۆرتاڵی پێشکەوتوو بۆ مامەڵەی خانووبەرە بە پرۆگرامی دەڵاڵی خانووبەرەوەکە هەڵسەنگاندنی خانووبەرەش لەخۆدەگرێت.

وەکو سەرنجی کۆتایی، پۆرتاڵی مامەڵەی خانووبەرەی کەلێرەدا باسکرا، دەتوانێت وەکو پرۆگرامێکی دەڵاڵی خانووبەرە هەر لەسەرەتاوەببێتەپێکهاتەیەکی نوێ و گرنگ - باشتر کەولە سەرانسەری جیهان بەردەستبێت. ئەمەش بەو مانایەیێت کە دەڵاڵەکانی خانووبەرە دەتوانن پۆرتاڵی مامەڵەی خانووبەرە بەکاربهێنن وەکو ئامرازێکی زیاتکراو بۆ ئەو پرۆگرامەی کە خۆیان بەکاریدهێنن، یان باشتر وایە پرۆگرامی دەڵاڵی خانووبەرەی نوێ بەکاربهێنن لەوانەش پۆرتاڵی مامەڵەی خانووبەرە.

بە ئاوێتەکردنی ئەم پۆرتاڵە گونجاو و نوێکارەی مامەڵەی خانووبەرە بۆ ناو پرۆگرامی نوێی خانووبەرە، خاڵێکی بنەڕەتی فرۆشتن بۆ پرۆگرامی دەڵاڵی خانووبەرە دروستدەکرێت کە دەبێتە بنچینەیەک بۆ چوونە ناو بازاڕەوە.

لەبەر ئەوەی هەڵسەنگاندنی خانووبەرە لە کاتی ئێستا و لە داهاتووشدا بەشێکی گرنگ دەبێت لە دەڵالّی خانووبەر پێویستە پرۆگرامی دەڵاڵی خانووبەرە ئامرازێکی بەیەکگەیاندنی

هەڵسەنگاندنی خانووبەرەی تێدایێت. هەڵسەنگاندنی خانووبەرە لەگەڵ ڕێگاکانی هەژمارەکردنی هاوشێوەدا دەتوانێت لە ڕێگای ئەو موڵکانەی کە لەلایەن دەڵاڵەکانی خانووەبەرەوە داخیلکراوە/کۆگاکراوە، داتای ووردی پەیوەندیدار بەدەستهێنرێت. بەهەمان شیوە، دەڵاڵی خانووبەرە دەتوانێت بۆشاییی زانیاری نەزانراو پڕبکاتەوە بەو زانیاریانەی کە لەبەردەستیەتی لەگەڵ ئەو شارەزاییەی کە لە بازاری ناوچەکەیدا هەیەتی.

سەرەڕای ئەوەش، پرۆگرامی دەڵاڵی خانووبەرە هەبێت بژاردەی تێهەڵکێشکردنی نیشاندانی بینراوی بەردەستی موڵکەکانی هەبێت. دەتوانرێت بە ئاسانی ئەمجێبەجێبکرێت بە دروستکردنی پرۆگرامێکی تر بۆ مۆبایل و/یان تابلێت کە توانای تۆمارکردنو دواتر بەیەکەوە ببەسترێتەوە یان بخرێتە ناو گەشتی بینراوی خانووبەرەوە- زیاتر بەشێوە خوودکار - لە پرۆگرامی دەڵاڵی خانووبەرە.

ئەگەر پۆرتاڵی کارا و پێشکەوتوو بۆ مامەڵەی خانووبەرە ۆایتەکرا لەگەڵ پرۆگرامێکی نوێی دەڵاڵی خانووبەرەو وخەمڵاندنی خانووبەرە، ئەگەری فرۆشتندووبارە بەشێوەیەکی بەرچاو بەرز دەبێتەوە.

ماتیاس فیدلەر

Korschenbroich, 10/31/2016

ماتیاس فیدلەر

19 .Erika-von-Brockdorff-Str

Korschenbroich 41352

Germany

www.matthiasfiedler.net

www.ingramcontent.com/pod-product-compliance
Lightning Source LLC
Chambersburg PA
CBHW071531210326
41597CB00018B/2962
* 9 7 8 3 9 4 7 1 8 4 9 4 1 *